Common Types of Work for an American Police Officer In English & French

WAYNE L. DAVIS, PH.D.
MAHDIA BEN-SALEM, PH.D.

Types communs de travail pour un officier de police américain: en anglais et en français

Copyright © 2019 by Wayne Davis.

ISBN:	Softcover		9781796029703
		eBook			9781796029741

All rights reserved. No part of this book may be reproduced or transmitted in any form or by any means, electronic or mechanical, including photocopying, recording, or by any information storage and retrieval system, without permission in writing from the copyright owner.

Any people depicted in stock imagery provided by Getty Images are models, and such images are being used for illustrative purposes only.
Certain stock imagery © Getty Images.

Print information available on the last page.

Rev. date: 04/23/2019

To order additional copies of this book, contact:
Xlibris
1-888-795-4274
www.Xlibris.com
Orders@Xlibris.com
738565

Authors, **Auteurs**

Wayne L. Davis, Ph.D.

Mahdia Ben-Salem, Ph.D.

Illustrators, Illustrateurs

Christian Connolly

Derrick Freeman

Ariana Greer

Dawn Larder

Brandon Lutterman

Table of Contents, Table des matières

Preface, **Préface** vi

Declaration of Independence, **La déclaration d'indépendance** 2

U.S. and State Constitutions, **Les USA et la constitution des états** 4

U.S. Constitution, **La constitution de l'état américain** 6

Academy and Continual Training, **L'Académie et la formation continue** 8

City Police Officer, **Les officiers de police de la ville** 10

Sheriff, **Le shérif** 12

Corrections Officer, **L'officier de la police correctionnelle** 14

Bailiff, **L'huissier de justice** 16

State Trooper, **Le policier de l'Etat** 18

Conservation Officers, **Les agents de la protection de la faune et de la nature** 20

Patrol Officers, **Les agents de patrouille** 22

Traffic Direction Cops, **Les agents de la circulation** 24

Motorcycle Cops, **Les policiers motards** 26

Mounted Police, **La police montée** 28

Police Aviation – Helicopters, **La police de l'aviation – Les hélicoptères** 30

Police Aviation – **Airplanes, La police de l'aviation –
La police aériennee** 32

Bicycle Patrol, **Les officiers patrouilleurs à bicyclette** 34

Maritime Police, **La police maritime** 36

Canine Officer, **L'Officier canin** 38

Evidence Officer, **L'officier chargé de garder les
preuves** 40

Scuba Divers, **Les officiers plongeurs** 42

Snowmobile Officers, **Les officiers en motoneige** 44

School Resource Officers, **Les agents de ressources
de l'école** 46

Public Information Officers, **Les agents des relations publiques** 48

SWAT Officers, **Les officiers du GIGN ou l' équipe « SWAT »** 50

Bomb Squad Officer, **L'Officier de l'équipe de déminage** 52

Defensive Tactics Instructor, **L' Instructeur en tactique défensive** 54

Crash investigators, **Les enquêtes sur les collisions** 56

Crash Reconstructionnist, **L'agent reconstructeur d'accidents** 58

Report Writing, **Les rapports de police** 60

Latent Fingerprints, **Les empreintes digitales latentes** 62

Rolling Fingerprints, **La prise d'empreintes digitales** 64

Interrogation, **L'Interrogatoire** 66

DNA (deoxyribonucleic acid) Analysis, **L'analyse de l'ADN** ... 68

Search Crime Scenes, **La recherche sur des scènes de crime** 70

School Presentations, **Les présentations à l'école** 72

Public Services, **Les services publics** 74

Fire Control, **Saper le feu** 76

First Aid & CPR, **Les premiers secours et la R.C.P.** 78

Police Officers are Compatriots, **Les policiers sont des compatriotes** 80

Authors, **Auteurs** 82

v

Preface

This book is designed for young readers. This book may be helpful to students who are learning multiple languages. This book presents information about U.S. local law enforcement work in English and French, which allow the students to make quick comparisons between the languages.

Préface

Ce livre est destiné à de jeunes lecteurs. Ce livre peut être utile aux étudiants désireux d'apprendre plusieurs langues. Ce livre présente des informations au sujet des forces de police locales en deux langues (anglais, français), ce qui permet aux étudiants de faire de rapides comparaisons entre les langues.

Declaration of Independence

According to the Declaration of Independence, the U.S. government derives its power from the people that it governs. Because there are more than 400 residents for every full-time police officer, social peace requires that people voluntarily comply with the law and assist with law enforcement efforts. Residents are stakeholders in maintaining a peaceful society and they must take an active part in promoting pro-social behaviors.

La déclaration d'indépendance

Selon la declaration d'indépendance des Etats-Unis, le gouvernement des USA, tire sa puissance des individus qu'il gouverne. Il ya près de 400 résidents pour chaque officier de police à temps plein, la paix sociale exige que les personnes obéissent à la loi et collaborent aux efforts de mise en place des lois. Les résidents sont parties dans le maintien d'une societe pacifique et qu'ils doivent avoir un rôle actif dans la promotion de comportements sociaux positifs.

U.S. and State Constitutions

The U.S. Constitution is the supreme law in America involving federal law. Until the U.S. Supreme Court makes a ruling, federal laws may be different in different federal jurisdictions. Each state also has its own state constitution. A state constitution is the supreme law within a state involving state law. Different states have different laws.

Les USA et la constitution des états

La constitution de l'état est la loi suprême en Amérique du Nord quant au droit fédéral. Jusqu'à ce que la Cour Suprême se prononce, les lois fédérales peuvent être différentes dans les différentes juridictions fédérales. Chaque état possède également sa propre constitution. La constitution d'un état en particulier, est la seule loi qui régit cet état. Différents états ont des lois différentes.

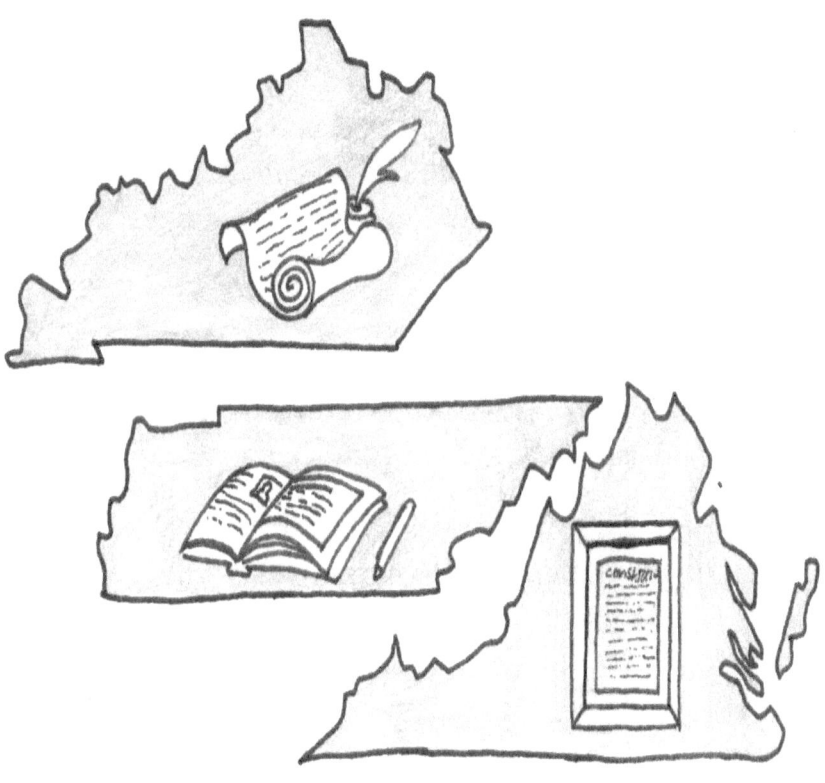

U.S. Constitution

The U.S. Constitution requires that police follow the law. The U.S. Constitution protects people's privacy. However, the U.S. Constitution only provides civilians with minimum protection. The states may provide civilians with more protection against the government.

La constitution de l'état américain

La constitution de l'état américain exige que la police obéisse à la loi. La constitution américaine protège la vie privée des personnes. Cependant, la constitution des Etats-Unis d'Amérique n'offre qu'une protection minimale aux personnes civiles.

Academy and Continual Training

Police cadets must attend and pass a law enforcement academy before they can become police officers. Police cadets study law, they train to help and protect people, and they learn to drive a police car under stressful conditions. Even after graduating from the police academy, police officers must continually train.

L'Académie et la formation continue

Les cadets de police doivent réussir à l'académie de police avant de devenir policers. Les cadets étudient le droit, ils sont formés pour aider et protéger les gens. Ils apprennent aussi à conduire les voitures de police dans des conditions extrêmes. Ces policiers doivent continuer leur formation de façon permanente.

City Police Officer

Here is a city police officer.

He is wearing a police uniform and a peaked cap.

He is wearing a badge on his uniform.

See the whistle chain leading to his right shirt pocket.

Les officiers de police de la ville

Voici un policier de ville.

Il porte un uniforme de police et un chapeau haut.

Il porte un badge sur son uniforme.

Il porte une chaîne à sifflet dans la poche droite de sa chemise.

Sheriff

Although the authority of a sheriff varies from jurisdiction to jurisdiction, the sheriff is an elected county official who is the chief law enforcement officer in any given county. A sheriff department oversees the county jail, provides security for courtrooms and judges, and delivers civil papers, such as jury summons and subpoenas.

Le shérif

Bien que l'autorité d'un shérif varie d'une juridiction à l'autre, le shérif est un fonctionnaire de comté élu, qui est l'agent principal de l'application de la loi dans un comté donné. Le département du shérif supervise la prison du comté, assure la sécurité des salles d'audience et des juges, et transmet les documents civils, tels que les convocations et assignations à comparaître.

Corrections Officer

Here is a county corrections officer.

She works for the sheriff department.

The sheriff, an elected official, runs the county jail.

She works inside the jail and watches inmates.

L'officier de la police correctionnelle

Voici un officier de la police correctionnelle.

Elle travaille pour le department du shérif.

Le shérif est un officier élu, qui dirige la prison du comté.

Elle travaille à la prison et surveille les prisonniers.

Bailiff

A bailiff is a peace officer who provides court security. The bailiff ensures the safety of trial participants, provides assistance to judges, handles court documents, and enforces courtroom rules of behavior. The bailiff also announces the judge's entrance into the courtroom and provides jury escort outside of the courtroom to prevent jury contact with the public.

L'huissier de justice

Un huissier de Justice est un officier de la paix qui s'occupe de la sécurité à l'intérieur du tribunal de la cour. L'huissier est responsable de la sécurité des personnes qui participent au jugement. L'huissier porte assistance aux juges, s'occupe des documents juridiques, et met en application les règles de comportement émises par la cour. L'huissier annonce l'entrée du juge à la cour et l'escorte à l'extérieur pour éviter tout contact avec le public.

State Trooper

Here is a state trooper.

He is wearing a campaign hat.

He has a police radio microphone on his left shoulder.

Le policier de l'Etat

Voici un policier de l'Etat.

Il est coiffé d'un chapeau à quatre bosses.

Il porte un microphone de radio de police sur son épaule gauche.

Conservation Officers

A conservation officer is sometimes called a game warden. A conservation officer is a police officer who protects wildlife and the environment. They protect game, catch poachers, and protect streams from being polluted. They also make sure that people enjoy the wilderness in a safe manner.

Les agents de la protection de la faune et de la nature

Un officier de la protection de la faune et de la nature est quelquefois appelé un garde-chasse. Cet officier de police protège la faune et l'environnement. Il protège les animaux sauvages et attrape les braconniers. Il protège aussi les cours d'eau contre la pollution. Il veut que les gens apprécient la nature sauvage sainement et en sécurité.

Patrol Officers

Some police officers ride around in police cars. The officers keep an eye out for crime and traffic violations. Officers listen to many different radios, including the high frequency police radio, the low frequency police radio, and the CB radio. The dispatcher at the post will use a police radio, computer, or phone to inform the officer of a work detail and where to go. A work detail may include diffusing a volatile situation, interviewing a witness, protecting a hazardous scene, or recovering found items.

Les agents de patrouille

Certains policiers conduisent en voiture. Les officiers surveillent qu'il n'y ait pas de violations de la circulation des voitures ou de crimes. Les officiers écoutent plusieurs types de radio, en particulier les radios à basses et hautes fréquences, et la radio CB. Les dispatcheurs au poste vont utiliser une radio de police, un ordinateur, ou un téléphone pour informer l'officier d'un détail relatif au travail à faire, et l'informer de l'endroit où aller. Ce travail peut comprendre la diffusion d'une situation explosive, avoir une entrevue avec un témoin, protéger d'une scène dangereuse ou recouvrer des objets trouvés.

Traffic Direction Cops

Some police officers stand on busy street corners and direct traffic. The officers may use whistles, flashlights, and reflective traffic sticks to control the movement of cars. After the traffic in a particular direction has been stopped, the officers will allow people to safely walk across the street. These police officers work in rain, sleet, snow, and extreme heat.

Les agents de la circulation

Certains policiers restent debout dans les intersections très occupées et dirigent la circulation. Ces officiers peuvent utiliser des sifflets, des lampes de poche, et des bâtonnets réfléchissants pour contrôler la circulation des voitures. Après avoir arrêté la circulation dans un sens donné, l'agent de la circulation permet aux piétons de traverser la rue en pleine sécurité. Ces officiers travaillent sous la pluie, la neige fondue, la neige, et sous une chaleur intense.

Motorcycle Cops

Some police officers ride motorcycles. Motorcycles are more maneuverable than police cars, which may be advantageous on crowded streets. A motorcycle's relatively small size allows it to get to a crash scene more quickly than a police car when traffic is congested. Because motorcycles are smaller and lighter than cars, they are more fuel and cost efficient. Officers who ride motorcycles focus on traffic violations. They stop cars for going too fast, following too close, and disregarding traffic signals. The officers may write these drivers tickets.

Les policiers motards

Certains policiers conduisent à moto. Ces motos sont plus malléables à conduire que les voitures de police, ce qui est un grand avantage dans les rues bondées. La taille relativement petite de la moto va permettre d'arriver sur une scène plus rapidement que quand il y a des embouteillages. Parce que les motos sont plus petites et plus légères que les voitures, elles représentent une grande économie d'essence. Les officiers motards se concentrent sur les infractions au code de la route. Ils arrêtent les voitures qui vont trop vite, qui suivent de trop près les autres voitures ou qui n'obéissent pas aux feux de signalisation. Ces officiers peuvent dresser des procès-verbaux.

Mounted Police

In some areas, police officers ride horses. In some jurisdictions, horses are considered vehicles. Police officers who ride horses are called mounted police. Horses can carry police officers where cars and motorcycles cannot go, such as in parks and in rough terrain areas. This may be essential for search and rescue efforts. Horses give police officers added height and visibility. The weight of a horse allows police officers to disperse unruly crowds.

La police montée

Dans certaines régions les policiers montent à cheval. Dans certaines juridisctions, les chevaux sont considérés comme étant des véhicules. Les officiers de police qui montent à cheval sont appelés police montée. Les chevaux peuvent aller dans des endroits où les autos et les motos ne peuvent pénétrer, comme dans les parcs et les terrains rugueux. Cette police est vitale quant à la conduite des recherches et pour porter secours. Etre à cheval offre une meilleure visibilité au policier. Le poids du cheval permet à la police de disperser la foule indisciplinée si besoin est.

Police Aviation – Helicopters

Some police officers fly in helicopters. A helicopter has wings that rotate. Helicopters can hover and they can land in tight spaces. Police officers in helicopters watch for traffic jams and crashes on busy roadways. Helicopters have infrared, which allows the officers to see objects in the dark.

La police de l'aviation - Les hélicoptères

Certains policiers volent en hélicoptère. Ces hélicoptères ont des ailes qui pivotent sur elles-mêmes. Ces hélicoptères peuvent planer et atterrir dans de très petits endroits. Les policiers qui sont dans ces hélicoptères surveillent la circulation et annoncent les embouteillages et les accidents sur les routes très congestionnées. Ces hélicoptères ont des rayons infrarouges qui permettent aux policiers de voir des objets dans l'obscurité.

Police Aviation – Airplanes

Some police officers fly in airplanes. An airplane has fixed wings that do not rotate. Compared to helicopters, airplanes can travel faster, farther, higher, and can be operated at a much lower cost. An airplane can be used to clock a vehicle's speed on the roadway by seeing how long it takes for the car to travel between two fixed points (speed = distance / time).

La police de l'aviation - La police aériennee

D'autres policiers volent en avion, un avion a des ailes qui ne pivotent pas sur elles-mêmes. Comparés aux hélicoptères, les avions peuvent voyager plus rapidement, plus loin, et plus haut. Le coût est aussi beaucoup moins onéreux. Un avion peut être utilisé pour connaître la vitesse d'un véhicule d'un point A à un point B en calculant le temps qu'il a mis pour arriver à cette destination.

Bicycle Patrol

Some police officers ride on bicycles. Bike officers can travel faster and farther than foot patrol officers, they are able to patrol areas unreachable by car, they have a stealth advantage because they are silent, and they are cost effective. Bike patrol is very effective during special events, such as parades. Bicycles allow officers to better interact with the public, which is important for developing relationships. Police-community relationships are essential because community members have important knowledge that is essential for finding solutions to local problems.

Les officiers patrouilleurs à bicyclette

Certains officiers de police roulent à bicyclette. Ils peuvent voyager plus rapidement et plus loin que les officiers à pied. Ils peuvent accéder à des endroits que l'on ne peut pas atteindre par voiture et ils ont un avantage incroyable car ils sont silencieux et ce service n'est pas très onéreux. La patrouille à vélo est très effective pendant des événements publics comme les défilés. Etre sur ces bicyclettes permet aux officiers d'avoir de meilleures relations avec le public, ce qui est très important pour des relations qui se développent avec la communauté, grâce à laquelle on peut trouver des solutions aux problèmes locaux.

Maritime Police

Maritime police officers patrol in watercraft. Their patrol areas may be coastal canals, rivers, lakes, harbors, and/or sea waters. They can reach locations not easily accessible by land. Maritime police officers promote the safety of water users by enforcing laws related to water traffic. Maritime police guard things on the dock, protect maritime animals, and prevent smuggling.

La police maritime

La police maritime patrouille les eaux. Leur patrouille peuvent être sur les caneaux côtiers, les rivières, les lacs, les ports, et/ou les eaux maritimes. Ils peuvent accéder à des endroits que l'on ne peut pas atteindre facilement par la route. La police maritime encourage la sécurité de la conduite sur les eaux en appliquant les lois relatives à la circulation maritime. La police maritime garde les objets sur les quais, protège les animaux marins et empêche la contrebande.

Canine Officer

Canine (K-9) officers go to a special school and learn how to work with dogs. Canines (dogs) have a much better sense of smell than do humans. Officers use their dogs to search for drugs, accelerants, explosives, cadavers, evidence, and missing people. Police officers and their dogs become very close and they work together as a team. The police dog is considered a police officer.

L'Officier canin

Les officiers de la police canine vont à une école spéciale et apprennent comment travailler avec les chiens. Les chiens ont un supérieur sens de l'odeur comparé aux humains. Les officiers utilisent leurs chiens pour trouver de la drogue, des accelérateurs, des explosifs, des cadavres, des preuves et des personnes disparues. Les officiers de police et leurs chiens sont très proches l'un de l'autre tandis qu'ils travaillent ensemble en équipe. Le chien de police est considéré comme policier.

Evidence Officer

The evidence officer is responsible for the intake, storage, and disposal of all property collected by the department. The officer ensures that evidence is secure from theft, loss, and contamination. The officer transports property to the crime lab, maintains chain of custody reports, notifies property owners when they can get their property back, and coordinates the court-ordered disposal of contraband.

L'officier chargé de garder les preuves

L'officier chargé de garder les preuves est responsable de la prise en charge du stockage et de l'élimination de tous les biens recueillis par le département. L'officier s'assure que la preuve est protégée contre le vol, la perte et la contamination. L'officier transporte des biens au laboratoire, maintient la chaîne des rapports de garde, avise les propriétaires de quand ils peuvent obtenir leurs biens, et coordonne la disposition de la contrebande ordonnée par le tribunal.

Scuba Divers

Some police officer are scuba divers. They are specially trained in underwater rescue, underwater recovery, and underwater investigation. Scuba divers carry their own source of air on their back, which allows them to breathe underwater. Police divers might need to dive in murky, dark, cold water with strong currents and parasites. Scuba divers must be able to swim.

Les officiers plongeurs

Certains policiers sont des plongeurs sous-marins. Ils sont spécialement entraînés en sauvetage sous-marin, le recouvrement d'objets sous l'eau ainsi que les enquêtes sous-marines. Les officiers ont leur propre source d'air sur leur dos, ce qui leur permet de respirer sous l'eau. Les policiers plongeurs sous-marins peuvent aussi avoir à plonger dans des eaux boueuses, noires, ou des eaux froides qui ont de forts courants et des parasites. Les plongeurs doivent être capables de nager.

Snowmobile Officers

Snowmobiles allow police officers to respond to emergencies in snow storms. During blizzards, cars may get stuck on the roadway. The snow becomes too deep and the roadway becomes very slippery. Snowmobiles allow police officers to travel along impassable roadways in order to aid stranded motorists. Snowmobiles also allow police officers to travel off road and onto ice-covered lakes.

Les officiers en motoneige

Les motoneiges permettent à la police de répondre aux urgences pendant les tempêtes de neige. Pendant les blizzards les voitures peuvent être sur le bas-côté de la route. La neige devient trop profonde et la route devient glissante. Les motoneiges permettent à la police de voyager le long des routes impassables afin d'aider les motortistes coincés. Ces motos permettent aussi de voyager sur les lacs couverts de glace.

School Resource Officers

Some police departments assign police officers to work within public schools. These police officers are called school resource officers. School resource officers are responsible for providing security and crime prevention services within the educational environment. The school resource officer has three main responsibilities: teacher, counselor, and law enforcement officer.

Les agents de ressources de l'école

Certains départements de police attribuent des agents de police dans les écoles publiques. Ces agents de police sont appelés agents des ressources scolaires. Les agents des ressources de l'école sont responsables de la prestation des services de sécurité et de prévention de la criminalité dans le milieu éducatif. L'agent de ressources de l'école a trois responsabilités principales: professeur, conseiller et agent d'application de la loi.

Public Information Officers

The police department's professional reputation and the public's support depend on good police-media relations. The police are accountable to the public and the media are the community watchdogs. When a crisis event occurs, the police must have a trained public relations officer readily available to communicate with the media. The police need to monitor the messages that the media deliver to the public.

Les agents des relations publiques

La réputation professionnelle du département de police et le soutien du public dépendent des bonnes relations entre la police et les médias. La police est responsable devant le public. Les médias, elles, dénoncent les problèmes qui existent dans la communauté. Lors d'une crise, la police doit avoir un agent formé aux relations publiques qui peut aisément être disponible pour communiquer avec les médias. La police a besoin de surveiller et connaître les messages que les médias rendent publics.

SWAT Officers

Some police departments may have a special weapons and tactics (SWAT) team. SWAT officers are specially trained to intervene in high-risk and dangerous situations. When patrol officers are overwhelmed and need emergency help, the SWAT team may be called to assist.

Les officiers du GIGN ou l' équipe « SWAT »

Certains services de police peuvent avoir une équipe qui a des armes spéciales et tactiques. Cette équipe s'appelle l'équipe du GIGN, le Groupe d'intervention de la gendarmerie nationale ou « SWAT ». Les officiers du GIGN ou « SWAT » sont spécialement formés pour intervenir dans des situations très risquées et donc, dangereuses. Lorsque les agents de patrouille sont dépassés et ont besoin d'aide d'urgence, l'équipe du GIGN ou « SWAT » peut être appelée pour les aider.

Bomb Squad Officer

A bomb squad officer is trained to find, approach, handle, and neutralize packages that may contain powerful explosives. A bomb squad officer will don a special bomb suit that will protect the officer from a blast. Tools used by bomb squad officers may include robots, mirrors, canines, x-ray devices, disrupter guns, laser scopes, bomb baskets, bomb cylinders, and special bomb trucks.

L'Officier de l'équipe de déminage

L' officier de l'équipe de déminage est formé pour rechercher, approcher, manipuler et neutraliser les colis pouvant contenir de puissants explosifs. Un officier de la brigade anti-bombe enfilera une combinaison spéciale qui protègera l'officier de l'explosion. Les outils utilisés par les officiers des escadrilles à la bombe peuvent inclure des robots, des miroirs, des chiens renifleurs de bombes, des appareils à rayons X, des pistolets désorganisateurs, des lunettes laser, des paniers à bombes, des cylindres de bombes et des camions de déminage.

Defensive Tactics Instructor

In the U.S., there are rules for the type and amount of force that police officers can legally use against offenders to overcome resistance. A defensive tactics instructor is a certified officer who trains police officers in the proper use of force. In addition to their hands and feet, tools used by defensive tactics instructors include striking pads, handcuffs, batons, pepper spray, and training guns.

L'Instructeur de tactique défensive

Aux États-Unis, il existe des règles concernant le type et le montant de la force que les policiers peuvent utiliser légalement contre les contrevenants pour vaincre la résistance. Un instructeur de tactique défensive est un agent certifié qui forme les agents de police au bon usage de la force. En plus de leurs mains et de leurs pieds, les instructeurs en tactique défensive utilisent entre autres des outils de frappe, des menottes, des matraques, du gaz poivré et des pistolets d'entraînement.

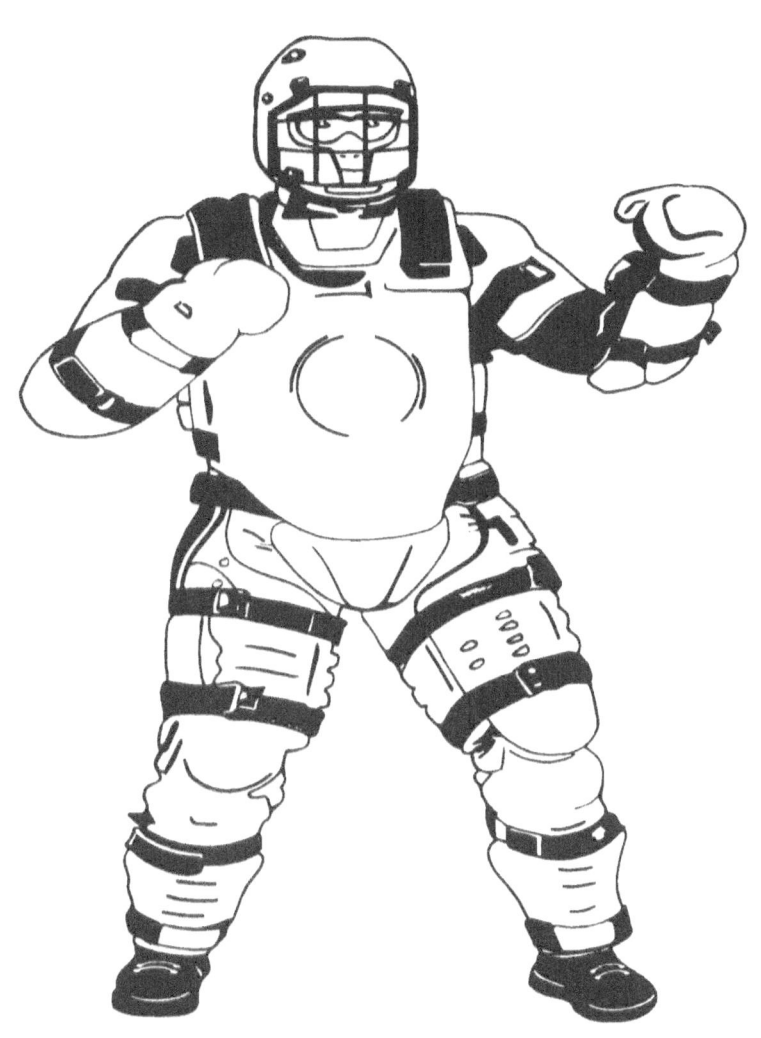

Crash Investigators

Police officers investigate vehicle crashes. Police officers want to know why each crash happened. An officer will use a measuring wheel to measure distances and a protractor or compass to measure angles. It is not always possible to measure all the distances and angles due to the terrain. However, math can be used to calculate the missing variables. A drag sled can be used to measure road surface friction. With this information, the speed and direction of the vehicles can be calculated prior to the collision.

Les enquêtes sur les collisions

Les policiers enquêtent sur les accidents de véhicules. Les policiers veulent savoir pourquoi chaque accident est arrivé. Un officier utilisera une roue de mesure pour mesurer les distances et un rapporteur ou une boussole pour mesurer les angles. Il n'est pas toujours possible de mesurer toutes les distances et les angles en raison du terrain. Cependant, les mathématiques peuvent être utilisées pour calculer les variables manquantes. Un traîneau de traînée peut être utilisé pour mesurer la route surface de frottement. Avec ces informations, la vitesse et la direction des véhicules peuvent être calculées avant la collision.

Crash Reconstructionist

A crash reconstructionist is a police officer who has received specialized training to investigate serious vehicle crashes. The officer will use scientific processes to identify the causes of a crash by considering the vehicle design, vehicle damage, speed of operation, lamp filaments, yaw marks, the roadway, and the environment. Officers use mathematics and physics to determine fault and to assign blame.

L'agent reconstructeur d'accidents

Le reconstructeur d'accidents est un agent de police qui a reçu une formation spécialisée pour enquêter sur de graves accidents. L'agent va utiliser des processus scientifiques pour identifier les causes de l'accident en examinant la conception du véhicule, les dommages au véhicule, la vitesse de fonctionnement, des filaments des feux de voiture, traces de freins sur la route, et l'environnement. Les agents utilisent les mathématiques et la physique pour déterminer la faute et attribuer le blâme.

Report Writing

Police officers write many different types of reports. Some of the reports include affidavits, crash reports, public service reports, intelligence reports, and case reports. Criminal reports are based on the elements of the law. English and math are required to properly interpret the law. Improper grammar will impact the truth value or meaning of the law. Police officers must use English and math to effectively write reports.

Les rapports de police

Les policiers écrivent plusieurs sortes de rapports. Certains de ces rapports sont des déclarations sur l'honneur, des rapports d'accidents, des rapports de services publics, et des rapports sur des cas. Les rapports criminels se basent sur la loi. Les maths et l'anglais sont requis pour interpréter correctement la loi. Une grammaire incorrecte pèsera sur la vérité ou le sens de la loi. Les officiers de police doivent être bons en Anglais et en Maths pour écrire les rapports correctement.

Latent Fingerprints

All fingerprints are unique. Once a fingerprint is collected, it can be used to identify the person who left it behind. Latent fingerprints are fingerprints left at a crime scene that may not be immediately visible to the naked eye. Police officers use magnetic and nonmagnetic colored powders to find the invisible fingerprints. Other techniques to find invisible fingerprints include superglue fumes and chemical sprays.

Les empreintes digitales latentes

Toute empreinte digitale est unique. Une fois que des empreintes digitales ont été prises, on peut les utiliser pour identifier la personne qui les a laissées. Ces empreintes, laissées sur la scène du crime peuvent ne pas être vues au premier abord. Les policiers utilisent des poudres colorées et magnétiques, et, non-magnétiques pour trouver les empreintes invisibles à l'oeil nu. D'autres techniques pour trouver ces empreintes invisibles à l'oeil nu consistent à utiliser la supercolle et des aérosols chimiques.

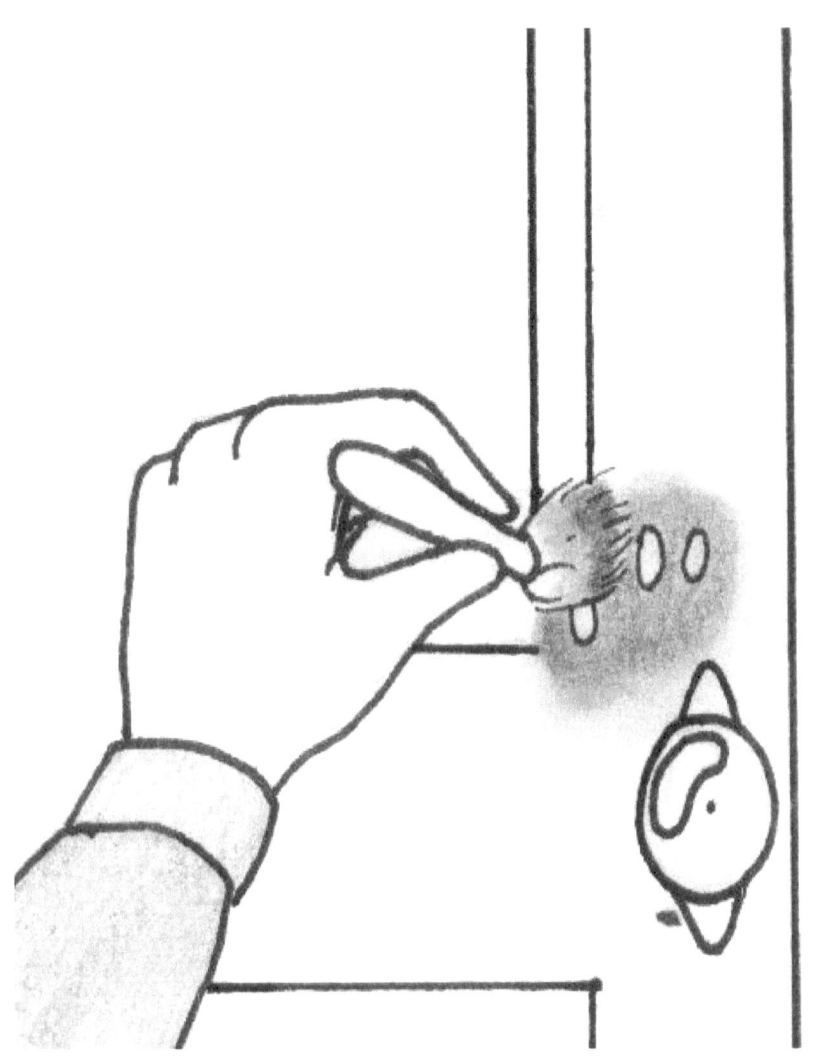

Rolling Fingerprints

Once an adult has been arrested by the police, a corrections officer will need to book the defendant into the jail. In order to properly identify the accused, a law enforcer will take the suspect's fingerprints. The officer will place each of the suspect's fingers into black ink and will then roll each finger onto a red fingerprint card. Some departments can perform this task electronically without ink. A blue fingerprint card is used for background checks and are not used for criminal purposes.

La prise d'empreintes digitales

Une fois qu'un adulte a été arrêté par la police, un officier de la correctionnelle devra conduire le defendant en prison. Afin d'identifier correctement l'accusé, l'agent de la loi prendra les empreintes digitales du suspect. L'officier prendra chaque doigt du suspect et le mettra dans de l'encre noire et le fera rouler dans une carte d'empreintes digitales rouge. Certains départements peuvent faire cela electroniquement, sans encre. Les empreintes sur cartes bleues sont, elles, utilisées pour la vérification d'antécédents non criminels.

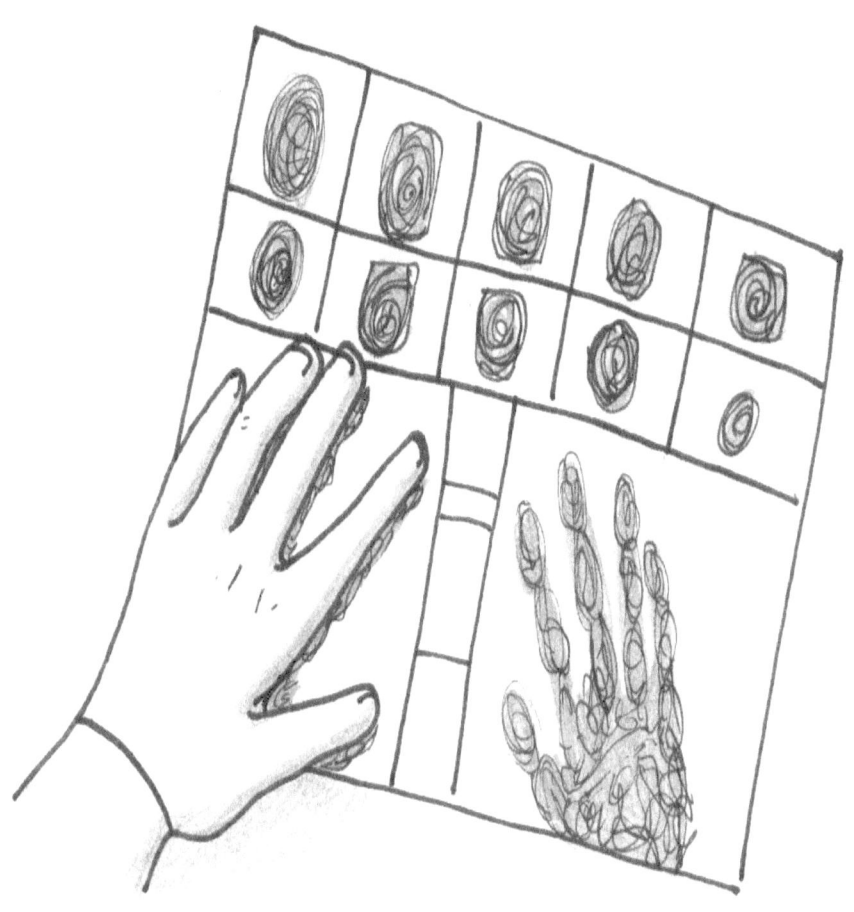

Interrogation

The police only need to be 51% confident that a crime occurred in order to make an arrest. Interrogation exists when a person is under arrest and is being questioned by police about the commission of a specific crime. When being interrogated, the person has a right to a lawyer and may stop answering questions at any time.

L'Interrogatoire

La police doit seulement être à 51% sûre du fait qu'un crime a été commis pour pouvoir procéder à une arrestation. L'interrogatoire a lieu lorsqu'une personne est en état d'arrestation et que la police l'interroge pour être l'auteur allégué d'un crime spécifique. Lors de son interrogatoire, la personne a droit à un avocat et peut cesser de répondre aux questions à tout moment.

DNA (deoxyribonucleic acid) Analysis

Police officers may need to collect DNA evidence at a crime scene. DNA is a person's genetic blueprint that can be used for identification purposes. A person's bodily fluids, such as blood, contain DNA evidence. Blood can be collected via cotton swabs and placed into a cardboard box. Blood should not be placed into a plastic bag because it will putrefy and become ruined. Properly collected blood evidence can then be sent to the crime lab for DNA analysis. To maintain the integrity of the evidence, the police will seal the box and will use a chain of custody form to indicate all persons who have handled the evidence.

L'analyse de l'ADN

Les agents de police peuvent avoir besoin de recueillir des preuves d'ADN sur une scène de crime. L'ADN est empreinte génétique d'une personne, et peut être utilisée à des fins d'identification. Les fluides corporels d'une personne, tels que le sang, contiennent des preuves d'ADN. Le sang peut être collecté par le biais de tampons de coton et placés dans une boîte en carton. Le sang ne doit pas être placé dans un sac en plastique, car il se putréfierait alors, et ne serait plus utilisable. Les traces de sang correctement recueillies peuvent ensuite être envoyées au laboratoire de la criminalité pour l'analyse de l'ADN. Pour maintenir l'intégrité de la preuve, la police va sceller la boîte et utiliser un formulaire de chaîne de garde pour indiquer toutes les personnes qui ont manipulé ces éléments de preuve.

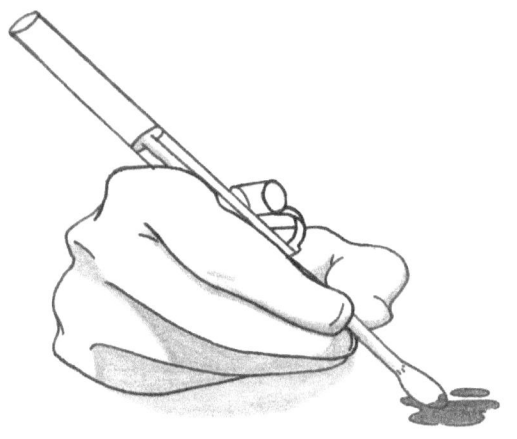

Search Crime Scenes

Police officers search areas for lost people and items. The police need to have a plan of action in order to cover the area most efficiently and effectively. Different search techniques should be used for different purposes and different locations. Sometimes the police need to find a person in an unknown direction. Other times the police need to find a small item in a known area.

La recherche sur des scènes de crime

Les policiers recherches certaines aires pour essayer de trouver des personnes perdues ou des objets perdus. La police doit avoir un plan d'action au préalable afin de couvrir la région de façon rapide et efficace. On utilise de différentes techniques selon les résultats désirés et la location en question. Quelquefois, la police doit trouver une personne dans une location inconnue ou et d'autres fois, la police doit trouver un petit objet dans un endroit connu.

School Presentations

Knowledge is a valuable tool. Police officers attempt to educate students to promote safety and health. Police officers may show videos and pass out brochures. Police officers may also let students wear inebriation goggles so that they can experience the disorientation effects caused by alcohol and drugs. The intoxication goggles are safe, fun to use, and do not cause drunkenness.

Les présentations à l'école

Le savoir est un outil précieux. La police essaie d'éduquer les étudiants afin d'encourager la sécurité et la santé. Les officiers peuvent donner des brochures et montrer des vidéos ou laisser les étudiants porter des masques d'ébriété afin qu'ils puissent connaitre les effets de la désorientation causés par l'alcohol et la drogue. Ces masques ne sont pas dangereux, et sont faciles à utiliser et ne causent pas l'ivresse.

Public Services

Police officers promote traffic safety and perform public services. When a car on the road gets a flat tire, a police officer can change the tire for the driver. Because it is unsafe for an occupied car to be parked on the berm, changing the tire helps fix the car so that it can be moved out of harm's way.

Les services publics

Les policiers encouragent à la sécurité routière et performent des services publics. Quand une voiture a un pneu à plat, le policier peut le changer pour le conducteur. Parce qu'il est dangereux d'avoir une auto sur le côté de la route, changer la roue permet au conducteur de reprendre la route et de ne mettre personne en danger.

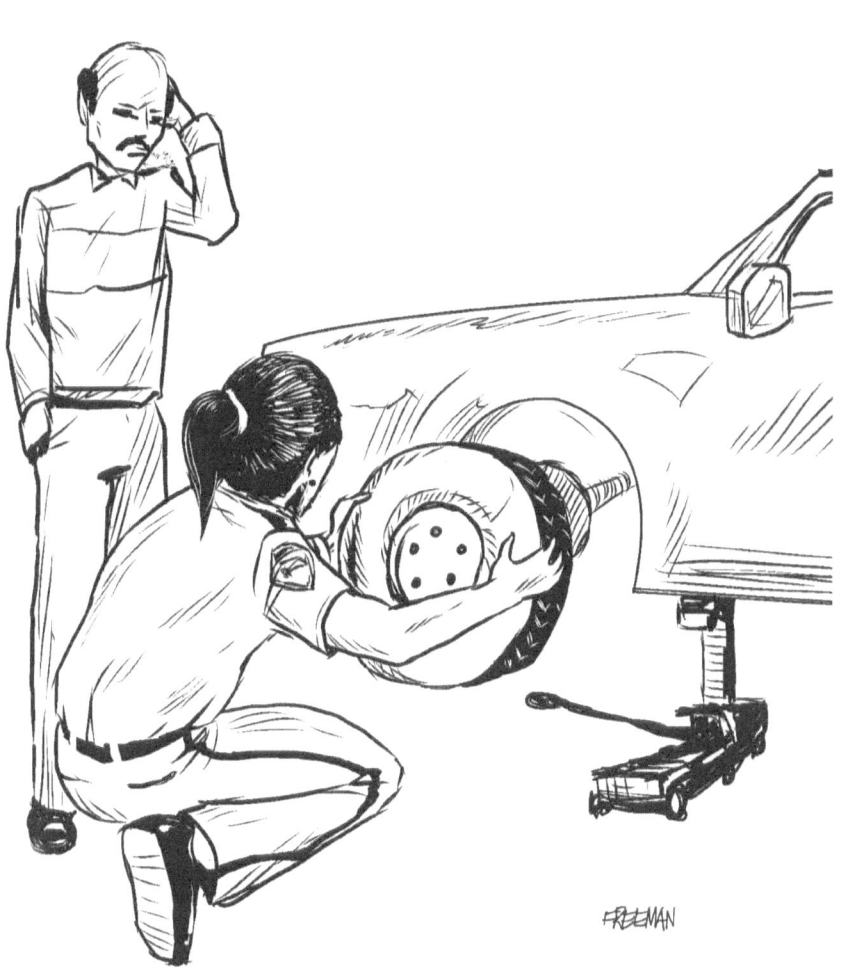

Fire Control

Some police officers are public safety officers who are trained in fire suppression. Police officers will use fire extinguishers to control fires. Police officers must use the right kind of fire extinguisher for each specific type of fire. For example, a water type fire extinguisher is appropriate for wood fires but is extremely dangerous for cooking oil fires. A carbon dioxide fire extinguisher is effective for cooking oil fires, but it does not work well for wood fires. Smoke from fires can be extremely hot and poisonous.

Saper le feu

Certains policiers sont des agents de la sécurité publique qui sont formés dans l'extinction d'incendies. Les agents de police vont utiliser les extincteurs pour contrôler les feux. Les agents de police doivent utiliser le bon type d'extincteur pour chaque type spécifique d'incendie. Par exemple, un extincteur de type d'eau est approprié pour les feux de bois, mais est extrêmement dangereux pour les feux d'huile de cuisson. Un extincteur à dioxyde de carbone est efficace pour les feux de cuisson à l'huile, mais il ne fonctionne pas bien pour les feux de bois. La fumée des incendies peut être extrêmement chaud et toxique.

First Aid & CPR

Sometimes people need immediate medical assistance when no doctors are readily available. Police officers are trained in first aid and cardiopulmonary resuscitation (CPR). The American Red Cross offers first aid training. The ABCs of first aid are Airway, Breathing, and Circulation. Police officer are trained to use Automated External Defibrillators, a portable device that checks the heart rhythm and sends an electric shock to the heart, when needed, in an attempt to restore a normal rhythm. First aid includes simple procedures such as dressing a wound, setting a bone with a splint, treating a burn with ointment, and stopping blood loss by applying pressure. The goal is to preserve life, to prevent further harm, and to promote recovery.

Les premiers secours et la R.C.P.

Quelquefois, les gens ont besoin d'une aide médicale quand aucun docteur n'est facilement disponible. Les policiers sont formés dans les premiers secours et la réanimation cardiopulmonaire RCP. La Croix-Rouge américaine offre des cours de secourisme. Le b.a.ba des premiers secours est la Voie aérienne, la Respiration et la Circulation. Les policier sont formés dans les premiers secours et l'utilisation des Défibrillateurs Externes Automatisés, un dispositif portable qui vérifie le rythme du coeur et envoie une décharge électrique au coeur, quand c'est nécessaire, dans une tentative de lui faire retrouver un rythme normal. Les premiers secours incluent des procédures simples comme panser une blessure, remettre un os en place avec une attelle, traiter une brûlure avec de la pommade et arrêter la perte de sang en appliquant une pression sur la blessure. Le but est de préserver la vie, d'empêcher d'avoir mal et de promouvoir la récupération de l'individu.

Police Officers Are Compatriots

Police officers are part of the local community. They are compatriots who have a vested interest in developing and maintaining a peaceful society. They have families and friends like everyone else. Police officers are peacemakers who have sworn to serve the public.

Les policiers sont des compatriotes

Les policiers font partie de la communauté. Ce sont des compatriotes qui ont grand intêret à developper et à maintenir une société pacifique. Ils ont aussi des familles et des amis, tout comme tout le monde. Les officiers de police sont des agents pour la paix et l'ordre public et sont assermentés.

Authors, Auteurs

Wayne L. Davis, Ph.D.

Wayne L. Davis holds a Bachelor of Science in Electrical Engineering, a Master of Science in Business Administration, and a Ph.D. in Criminal Justice. Dr. Davis has graduated from city, state, and federal law enforcement academies and he has over 20 years of law enforcement experience with city, state, and federal law enforcement agencies. Dr. Davis was a field training officer with the Indiana State Police and has received the U.S. Customs & Border Protection Commissioner's Award.

Wayne L. Davis est titulaire d'un Baccalauréat ès Sciences en Génie Electrique, d'une Maîtrise en Administration des Affaires et d'un Doctorat. en Justice Pénale. Dr. Davis est diplômé des académies fédérales, municipales et régionales, et compte de plus de 20 ans d'expérience dans le domaine de l'application de la loi auprès d'organismes fédéraux, municipaux et de l'état. M. Davis était agent de formation sur le terrain auprès de la police de l'État d'Indiana et a reçu le Prix du Commissaire Américain aux Douanes et à La protection des Frontières.

Mahdia Ben-Salem, Ph.D.

Mahdia Ben-Salem holds a D.E.U.G: Diplôme D' Etudes Générales, a LICENCE in Applied Language and Literature,a MAITRISE in Applied Language and Literature from Nice University, France. All diplomas are for the French, Italian, and Spanish languages. She also holds A FRENCH FOR BUSINESS DIPLOMA from the Paris, France, Chamber of Commerce, and a Ph.D. in in Modern Foreign Languages and Literature in French and Spanish, both through the University of TN at Knoxville TN. Dr. Ben-Salem has extensive experience foreign language programs creation, in teaching foreign languages and literature from kindergarten to college, as well as French or Spanish for Business and Healthcare professions.

Mahdia Ben-Salem est titulaire d'un D.E.U.G: Diplôme d'études générales, d'une licence en langues et littératures appliquées et d'une maîtrise en langues et littératures appliquées de l'Université de Nice, en France. Tous les diplômes sont en français, italien et espagnol. Elle est également titulaire d'un Diplôme de Français des Affaires de la Chambre de Commerce de Paris et d'un doctorat. en Langues Etrangères Modernes et Littérature en français et espagnol, de l'Université de Tennessee à Knoxville, TN. M. Ben-Salem possède une vaste expérience dans la création de programmes de langues étrangères et dans l'enseignement de langues et littératures étrangères de la maternelle à l'université, ainsi qu'en français ou en espagnol pour les professions liées au commerce et à la santé.

www.ingramcontent.com/pod-product-compliance
Lightning Source LLC
Chambersburg PA
CBHW021454210526
45463CB00002B/777